Université de France.

ACADÉMIE DE STRASBOURG.

ACTE PUBLIC
POUR LA LICENCE,

PRÉSENTÉ

A LA FACULTÉ DE DROIT DE STRASBOURG,

ET SOUTENU PUBLIQUEMENT

Le samedi 10 juillet 1841, à midi,

PAR

JEAN-BAPTISTE GADEL,

BACHELIER ÈS LETTRES ET EN DROIT,

DE RÉCHICOURT-LE-CHATEAU, ARRONDISSEMENT DE SARREBOURG (MEURTHE).

M. RAUTER, doyen de la Faculté.
M. HEIMBURGER, président de la thèse.

Examinateurs. { MM. HEIMBURGER, THIERIET, AUBRY, } Professeurs.
GAST, Professeur suppléant.

La Faculté n'entend approuver ni désapprouver les opinions particulières au candidat.

STRASBOURG,

IMPRIMERIE DE G. SILBERMANN, PLACE SAINT-THOMAS, 3.

1841.

A MON PÈRE ET A MA MÈRE,

Hommage filial.

J. B. GADEL.

JUS ROMANUM.

DE CURATORIBUS LEGITIMIS ET DE TUTORE HONORARIO NOTITIÆ CAUSA DATO.

§ 1er — *De curatoribus legitimis.*

Curatela est potestas administrandi bona et rem familiarem illo-
rum, qui rebus suis præesse nequeunt, vel propter ætatem, aliâve
interveniente causâ (L. 22, ff. de rit. nupt.).

Ratione causæ efficientis curator vel est dativus vel legitimus (§ 1
et seq., I. de curation.).

Prior ab iisdem magistratibus datur a quibus et tutores, id est,
a præfecto prætoreve urbano, aut a provinciarum præsidibus ex inquisitione, vel etiam a magistratibus municipalium cum satisdatione (§ 1, I. de curation.).

In curatione dativâ sunt minores, surdi, muti, mente capti et
aliquando pupilli. Ad impetrationem propriam et inviti adolescentes
curatores non accipiunt, præterquàm in litem. Si minor conveniat
debitorem, adhibere debet curatores, ut ei solvatur pecunia. Si de-
mum tutelæ ratio reddatur, adolescens curatorem non accipere non
potest (§§ 2, 4 et 5, I. de curation. — L. 2, §§ 4 et 5, ff. qui pe-
tant tutor. vel curat.).

G.   1

Posterior (id est legitimus curator) ex legis officio defertur. In curatione legitimâ numerantur et furiosi et prodigi, quanquam majores viginti quinque annis sint (Lex duodec. tabul. fr. 4. tab. V).

Non etiam testamento curator dari potest; datus tamen confirmatur magistratûs decreto, præfertur omnibus legitimis absque satisdatione (§ 1, I. de curation.).

Furiosi, ipso jure, curatorem legitimum habent. Si quis furiosus esse inceperit, adgnatorum in pecuniâ ejus est potestas; furiosæ matris curatio ad filium pertinet, quia pietas parentibus, etsi inæqualis sit eorum potentia, æqua debeatur (L. 4. ff. de curat. furios.).

Ex prodigorum solâ pecuniæ effusione non eis constituitur curator. In curatione sunt prodigi, posteàquam ex inquisitione sit eis interdicta bonorum administratio, postquàm prætores vel præsides, civiliter tales homines intervenerint, qui neque tempus neque finem expensarum habent, sed bona sua dilacerando et dissipando profudunt (L. 8. pr. ff. de curat. furios.).

In pupillorum personâ adgnati curatores non admittuntur, si minor viginti quinque annis furiosus sit; curator ei non ut furioso, sed ut adolescenti datur, quasi ætatis esset inpedimentum; idcircò in eo casu dativus curator eligitur (L. 3; § 1, ff. de tutel.).

Deficientibus aut inhabilibus adgnatis, solent Romæ præfectus urbi vel prætor, et in provinciis præsides ex inquisitione prodigis ac furiosis curatores deferre (§ 3, I. de curation.).

Consilio et operâ curatoris legitimi tueri debet non solum patrimonium, sed et corpus ac salûs furiosi aut prodigi; tutor personæ, curator rei datur (pr. L. 7, ff. de curator. furios. et § 4, I. qui test. tut. dar. poss.).

Ne furiosorum prodigorumque qui in curatelâ sunt, negotia a legitimis curatoribus consumantur vel diminuantur, curat prætor ut curatores eo nomine satisdent. Ita subsidiaria actio ultimum eis præsidium potest adferre, contra eos qui satisdationem accipiunt.

Ex inquisitione curatores dati satisdatione non onerantur, quia idonei electi sunt (pr. I. de satisd. tutor. vel curat.).

Julianus scribit, eos quibus per prætorem bonis interdictum est, nihil transferre posse ad aliquem, quia in bonis non habeant, cùm eis patrimonii diminutio interdicta. Curator furiosi rem suam quasi furiosi tradere poterit, et dominium transferre: rem verò furiosi si quasi suam tradat, dicendum est ut non transferat dominium, quia non furiosi negotium gerens tradidit (L. 10, ff. de curat. furios.).

Pignus validunt furiosi curator præbere potest, si exigat utilitas hujus furiosi. Curator adgnatus aliusve furiosi rem dedicare nequit; jus ipsi de re non ultrà competit, quatenùs negotiorum exigit gestio (L. 1 et 2, ff. de curat. furios.).

Antequàm agat curator, inventarium conficere debet. Ante acta sunt ipso jure nulla, nisi quæ moram non ferunt. Omissio inventarii dolo facta censetur; indèque curator tenetur ad omne quod æstimatur in litem jurando, intenditur crimen suspecti, ac ut suspectus removetur cum infamiâ. Vel etiam extrà ordinem coercetur iste curator, nisi justum impedimentum probetur (L. 7, pr. ff. de admin. et peric. tut. et curat.).

Legitimis curatoribus rectè solvitur a prodigi aut furiosi creditoribus; generali ferè consuetudine puniuntur curatores ob pecuniam otiosam, præsertim si illi propriam pecuniam benè collocaverunt (L. 7, § 3, ff. de admin. et peric. tut. et curat.).

In bonis curatoris prodigus et omnes, qui legitimum curatorem habent, decreto privilegium consequuntur (L. 1, § 1, ff. de curat. furios.).

Finitur furiosi curatela et hic desinit esse in potestate curatorum, quùm sanitatem receperit.

Tamdiù est in curatione prodigus quamdiù insanos mores habuerit; ille desinit esse in curâ, si bonos mores receperit; scilicet si per biennium aut ultrà frugaliter vivat. Finitur adhùc curatela legitima ex personâ curandâ, per mortem-furiosi aut prodigi (arg. de la L. 1, ff. de curat. furios.).

Ex personâ curatoris, finitur curatela ipsius morte et per illius quamcunque capitis diminutionem. Desinunt curatores esse, qui vel removentur a curatelâ ob id quod suspecti visi sunt, vel ex justâ causâ sese excusant et onus administrandæ tutelæ deponunt (§§ 3, 4 et 6, I. quib. mod. tutel. fin.).

§ 2. *De tutore honorario notitiæ causâ dato.*

Tutela est vis ac potestas, in capite libero, ad tuendum eum, qui propter ætatem se defendere nequit, jure civili data ac permissa (§ 1, I. de tutel.). A causâ efficiente est vel testamentaria, vel legitima, vel dativa.

A fine tutelæ, sunt quidam tutores, qui, ad hoc dantur, *ut gerant*, id est administrationis gratiâ simpliciter constituti. — Sunt qui *honorarii* appellantur, constituti honoris ergò, non ut administrent, sed ut sint quasi inspectores reliquorum (L. 3, § 2, ff. de admin. tut.). — Sunt qui *notitiæ causâ* dati sunt, id est, qui constituti sunt, ut non administrent sed ut reliquos tutores reforment, opere vel consilio (L. 14, §§ 1 et 6, ff. de solut. et liber.). Qui propter rerum notitiam, perendè in omnibus et administrationis et accessionis jure conveniri possunt, atque cæteri tutores, qui eodem testamento dati sunt (L. 32, pr. et § 1, ff. de testam. tutel.)

Ei, qui *notitiæ gratiâ* datus est, an rectè solvatur videndum est, quia ad instruendos tutores datur : sed cùm tutor sit, nisi prohibitum fuerit ei solvi, putatur liberationem contingere (L. 14, §§ 1 et 6, ff. de solut. et liber.).

DROIT CIVIL FRANÇAIS.

DU CONSEIL JUDICIAIRE ET DE CELUI QUE LE MARI PEUT NOMMER A SA FEMME.

INTRODUCTION.

La raison a son enfance comme l'habitude du corps ; pendant ce temps de faiblesse, l'homme est dans l'impossibilité d'administrer lui-même sa personne et ses biens ; il importait à la loi de venir à son secours et de le couvrir spécialement de sa protection.

Elle l'a donc entouré de certaines garanties en lui accordant certains priviléges pour le prémunir contre les dangers et les risques dans lesquels son inexpérience et sa faiblesse pourraient le faire tomber. Tant que dure cet état d'enfance, l'homme reste en minorité, et ne peut exercer, défendre ses droits que par l'intermédiaire de ses père ou mère ou de son tuteur.

Il est un terme où ces appuis devaient être retirés. L'homme, parvenu à un certain âge, devait se soutenir par ses propres forces ; cet âge a été fixé à vingt et un ans. A vingt et un ans, l'homme devenu majeur, est capable de tous les actes de la vie civile ; il semble abandonné à lui-même ; mais la loi ne le perd point de vue, et en même temps qu'elle paraît ne point mettre de bornes à sa liberté, elle observe l'usage qu'il en sait faire. Il peut tomber dans un état d'imbécillité, de démence ou de fureur qui ne lui permette pas d'user des facultés qui appartiennent à son âge. Un état habituel d'infirmité morale peut lui ôter le jugement nécessaire pour l'administration de ses biens et même de sa personne. Car l'homme n'est pas au-dessus des événements qui peuvent le priver de ses facultés intellectuelles ; quelque accident peut lui ôter l'usage de la raison ; il peut la posséder et en faire un mauvais usage, ou quelque erreur de la nature peut l'empêcher de l'avoir déjà acquise. Il est également possible que, sans éprouver un dérangement marqué dans ses facultés intellectuelles, un individu ait cependant des goûts tellement excessifs pour les dépenses folles et inutiles, qu'il soit exposé à être en peu de temps plongé, lui et sa famille, dans une profonde misère.

La prodigalité peut porter l'homme à abuser de sa raison, un prodigue peut devenir un homme dangereux à la société, et l'État ne peut être indifférent sur le sort des familles.

Le luxe et la corruption des mœurs qui se sont glissés dans toutes les classes de la société, forcent à chaque instant des parents alarmés de recourir à la justice pour mettre un frein à la prodigalité.

De là sont nées ces différentes précautions que la loi prend contre des majeurs et quelquefois contre des mineurs, pour empêcher qu'ils ne dissipent leurs biens, lorsqu'ils paraissent incapables de les conserver. Les uns sont absolument interdits de toute disposition ; les autres n'ont qu'un simple conseil sans l'avis duquel ils ne peuvent faire certains actes déterminés. Le remède change suivant les circonstances ; et la manière de pourvoir aux besoins de ceux auxquels ces secours sont nécessaires est réglée par la nature de chaque affaire. Interdiction et conseil judiciaire.

Il est aussi un conseil particulier qui peut être donné à la femme tutrice. La dation de ce conseil est basée sur l'ignorance assez générale des femmes dans les affaires. Ce conseil peut être assimilé au *tutor honorarius notitiæ causâ datus* du Droit romain (L. 32, §. 1, D. de testam. tutor. 26, 2. L. 14, §. 6, D. de solut. 46, 3).

CHAPITRE PREMIER.

DU CONSEIL NOMMÉ A LA FEMME TUTRICE DE SES ENFANTS MINEURS.

L'art. 390 du Code civil nous apprend qu'après la dissolution du mariage arrivée par la mort naturelle ou civile de l'un des époux, la tutelle des enfants mineurs et non émancipés appartient de plein droit au survivant des père et mère. Cependant la faiblesse du sexe de la femme nécessitait des précautions. Aussi nous voyons dans l'art. 391 que la tutelle de la mère peut être modifiée.

Le père a pu concevoir, pendant le mariage, de justes motifs de craindre que son épouse ne fût pas apte à supporter seule les charges de la tutelle; il peut l'avoir jugée incapable d'administrer seule les biens de ses enfants. Dans ce cas, la loi lui accorde la faculté de lui nommer un conseil spécial, sans l'avis duquel elle ne pourra faire aucun acte relatif à la tutelle. S'il pense que son insuffisance ne se fera sentir que relativement à tel ou tel acte, il pourra spécifier les actes pour lesquels il lui donne le conseil, et la tutrice sera habile à faire tous les autres sans son assistance (art. cité).

La loi accorde bien au père la faculté d'apporter certaines restrictions à la tutelle de la mère, mais il ne peut jamais la priver du droit de l'exercer, car elle le tient de la nature et de la loi; elle seule a le droit de s'en priver. Il peut arriver que le conseil nommé ne veuille pas accepter, ou qu'ayant été nommé conditionnellement, la condition sous laquelle il l'a été ne se réalise pas : il peut mourir; dans ces divers cas, si le père n'a pas substitué un second conseil au premier, la mère exercera pleinement la tutelle, car le père seul a le droit de nommer ce conseil. Si la mère refuse la tutelle ou meurt avant la majorité des enfants, le tuteur appelé à la remplacer, ne sera point tenu, pour faire les actes relatifs à la tutelle, de recourir ni de se conformer à l'avis du conseil : il n'avait été donné qu'à la mère.

Nous ferons remarquer que si la mère refuse la tutelle, elle doit en remplir les fonctions jusqu'à ce qu'elle ait fait nommer un tuteur (C. c., art. 394), d'où il faut conclure : 1° qu'elle n'a pas le droit de le nommer elle-même ; 2° que la tutelle ne passe pas de plein droit aux ascendants, lors même qu'il en existerait en état de l'exercer : la loi ne la leur défère qu'après le décès du *dernier mourant* (C. c., art. 402).

La mère a bien la faculté de refuser la tutelle, mais si une fois elle l'a acceptée, elle ne peut l'abdiquer sans motifs légitimes ; on suit, à son égard, les mêmes principes que pour le tuteur ordinaire qui ayant une juste cause d'excuse ne l'a point fait valoir et devient non recevable dans ses réclamations ultérieures (C. c., art. 438 et 439), si ce n'est pour cause nouvelle. L'acceptation de la mère pourrait résulter de la qualité de tutrice qu'elle aurait prise dans l'inventaire ou autres actes ; le retard qu'elle aurait apporté à convoquer le conseil de famille pour faire nommer un tuteur, pourrait aussi la faire regarder comme ayant accepté. Nous ne pensons pas que cette acceptation tacite pourrait être invoquée dans le cas où on ignorait qu'il y avait un conseil nommé. Ce ne serait que d'actes postérieurs à la connaissance du conseil que l'on pourrait faire résulter une semblable acceptation.

Le conseil donné à la mère n'a pas un pouvoir d'action : il ne peut provoquer aucun acte. Tout son pouvoir réside dans l'opposition qu'il pourrait mettre pour que la femme ne fasse pas d'actes imprudents. Il n'a pour objet que l'administration des biens et jamais le gouvernement de la personne du mineur. La direction des enfants appartient (de plein droit et sans modification) à la mère, en vertu de la puissance paternelle que le mari lui laisse après sa mort (C. c., art. de l'art. 373). Ainsi elle est entièrement libre dans le choix des maîtres pour ses enfants ou d'un établissement par mariage, etc. Ce conseil remplit plutôt un devoir d'amitié qu'une charge publique. Il est plus le conseiller de la femme que son conseil dans le sens propre de ce mot (traduct. de Zacharie, t. I, p. 272). Il n'est soumis qu'à la responsabilité d'un mandataire non salarié (C. c., art. 1992).

Si la mère, à laquelle il avait été nommé un conseil, vient à convoler à de secondes noces, et que la tutelle lui soit conservée, elle ne devra pas moins recourir à l'assistance de ce conseil : nous sommes même d'avis que, dans ce cas, on devrait attacher plus d'importance au défaut de recours à son assistance.

La dation de ce conseil n'empêche en aucune manière la nomination du subrogé-tuteur et les attributions du conseil de famille.

Cette nomination de conseil ne pourra être faite que de l'une des manières suivantes : 1° par acte de dernière volonté ; 2° par une déclaration faite ou devant le juge de paix assisté de son greffier, ou devant notaires (C. c., art. 392).

Nous pensons qu'il n'est point nécessaire que cette déclaration soit faite devant le juge de paix ou devant un notaire du canton où le mari a sa résidence. Une pareille rigueur pourrait souvent l'empêcher d'user d'un droit utile à ses enfants et souvent nécessaire.

CHAPITRE II.

DES PERSONNES AUXQUELLES IL PEUT ÊTRE DONNÉ UN CONSEIL JUDICIAIRE.

Les personnes auxquelles il peut être donné un conseil judiciaire sont : 1° les faibles d'esprit ; 2° les prodigues.

L'imbécillité, la démence et la fureur donnent lieu à l'interdiction (C. c., art. 489).

Les sourds-muets dont l'éducation a été portée de nos jours à un haut degré de perfection, n'ont point attiré spécialement l'attention du législateur; le Code ne fait d'eux aucune mention particulière. Il résulte de là, qu'ils peuvent être interdits ou pourvus d'un conseil judiciaire, s'il y a en eux absence ou faiblesse de jugement et de conceptions. Mais si leurs facultés intellectuelles ont reçu tout le développement convenable, on ne pourrait employer à leur égard aucun des moyens ci-dessus, par cela seul qu'ils sont sourds-muets.

L'interdiction est la déclaration faite par le juge, qu'une personne est, à raison du dérangement de ses facultés morales, incapable de tous les actes de la vie civile. C'est aussi l'état d'un individu interdit.

Le conseil judiciaire peut être assimilé au curateur d'un mineur émancipé.

Le curateur est en général un homme commis par la justice pour prendre soin des biens et des intérêts d'autrui. Si le curateur est chargé en même temps de la personne et des biens, il est vraiment tuteur; car, il n'y a de différence entre un tuteur et un curateur, qu'en ce que celui-ci n'est chargé que de veiller aux intérêts d'autrui, en assistant et non en représentant. Le curateur n'a d'autre responsabilité que celle du mandataire qui n'a pas ou qui a négligemment rempli son mandat (C. c., art. 1992).

On peut définir le conseil judiciaire : un ou plusieurs individus chargés d'assister une personne affectée de faiblesse ou d'infirmité d'esprit et les prodigues, dans certains actes de la vie civile, désignés aux art. 499 et 513 du Code civil.

Dans l'ancienne jurisprudence il était permis de provoquer l'interdiction des prodigues. Cette mesure a été remplacée dans le Code par la nomination d'un conseil.

Celui qui a reçu un conseil, est dans un état mitoyen entre l'interdit et le majeur jouissant de tous ses droits; il n'est pas dans l'incapacité absolue de l'un, il n'a pas toutes les capacités de l'autre. On peut le placer sur la même ligne que le mineur émancipé, et les regarder comme jouissant des mêmes capacités; car, tous deux, ils n'ont que l'administration de leurs biens. Cependant, celui qui est pourvu d'un conseil, est plus capable que le mineur émancipé. En effet, le premier fait seul, comme l'émancipé, tous les actes d'administration; mais il peut aussi vendre, aliéner, intenter une action immobilière, etc., avec la simple assistance de son conseil, tandis que l'émancipé a besoin de remplir les formalités prescrites pour tout mineur, et qui sont développées aux art. 483, 484, 461, 463 et suiv. du Code civil.

§ 1er. — *Des faibles d'esprit.*

L'imbécillité est la faiblesse d'esprit qui résulte d'un défaut dans les organes, et qui occasionne une absence d'idées et de conceptions. Cet état est toujours habituel.

La démence est une altération des facultés qui ne vient pas de la faiblesse d'esprit, mais plutôt d'un dérangement mental. Elle est plus ou moins continuelle ou intermittente, suivant que les fonctions sont altérées sous un plus ou moins grand nombre de rapports.

La fureur est la démence portée à l'excès; elle met celui qui en est atteint dans un état dangereux, non-seulement pour lui, mais encore pour les autres. Cet état ne peut être continuel, les forces du corps n'y suffiraient pas.

Une personne peut ne pas se trouver dans un état d'imbécillité, de démence ou de fureur assez complet pour donner lieu à l'interdiction, et cependant la faiblesse de sa raison ou son ignorance dans les affaires la laisser exposée à des erreurs ou à des surprises préjudiciables à ses intérêts.

La loi n'a pas laissé sans secours ces personnes que l'on peut placer entre les fous, *sensu lato*, et les individus qui jouissent de toutes leurs facultés intellectuelles et morales; elle permet aux juges auxquels ont recours les parents, de leur nommer un conseil, sans l'avis duquel ils ne pourront désormais plaider, transiger, emprunter, recevoir un capital mobilier, ni en donner décharge, aliéner ni grever

G.   2.

leurs biens d'hypothèques, sans l'assistance d'un conseil (C. c., art. 499).

Il n'y a pas de règle précise sur le degré où doit être porté le dérangement des facultés ; c'est aux juges à voir si la faiblesse d'esprit est assez grande pour déterminer l'interdiction, ou si elle ne nécessite que la nomination d'un conseil. Ils doivent consulter les circonstances et les faits qui font reconnaître qu'une personne laisse flotter sa volonté au gré des tiers, et se trouve ainsi exposée à la surprise ; ils doivent aussi prendre pour guide les intérêts du défendeur relativement aux actes passés antérieurement à la demande qui leur est faite.

L'épilepsie peut quelquefois donner lieu à la nomination d'un conseil judiciaire (*Jurisprudence du Code civil*, t. IV, p. 373).

Cette nomination peut être faite d'office par les tribunaux de première instance ou d'appel, lorsqu'ils rejettent une demande en interdiction dont ils sont saisis (article cité). En effet, ils accordent moins que ne contient la demande. Pour que la cour d'appel puisse prononcer l'interdiction, lorsqu'il n'a été nommé qu'un conseil judiciaire, il faut qu'elle ait été demandée en première instance (arrêt de la Cour de Bruxelles du 7 fructidor an II. Sirey, 4, II, 451). On ne peut pas dire ici qu'une demande en dation de conseil renferme celle en interdiction qui est beaucoup plus grande.

Ainsi, les demandeurs en interdiction n'ont pas besoin de prendre des conclusions subsidiaires pour la nomination d'un conseil ; elles sont implicitement renfermées dans la demande en interdiction.

§ 2. *Des prodigues.*

La liberté est le plus grand des biens, celui dont l'homme est le plus jaloux : elle consiste, dans l'état social, à ne dépendre soit pour ce qu'on est, soit pour ce qu'on possède, que de soi-même et des lois qui régissent sans distinction tous les sujets d'un même royaume.

Les lois sont établies pour nous défendre contre nos semblables,

13

mais encore pour nous protéger contre nous-mêmes. Il est des circonstances où la loi est obligée de prendre des précautions qui gênent la liberté naturelle de l'homme, mais c'est toujours l'intérêt des citoyens qui lui inspire les mesures qu'elle paraît prendre contre eux.

Nous ne sommes considérés que comme les administrateurs de nos biens, et c'est sur cette considération qu'est fondé le droit de gêner la liberté naturelle ; la loi nous en confie le gouvernement, en se réservant un empire absolu pour étendre ou resserrer notre pouvoir. Les mesures qu'elle prend doivent toujours avoir pour objet notre véritable intérêt et celui de la société.

En ôtant au prodigue les moyens d'abuser de sa fortune, on attaque moins son droit de propriété que ses vices et ses passions.

Nous avons déjà vu que le Code ne précisait pas à quel degré devait être porté l'affaiblissement des organes de la pensée, pour motiver la nomination d'un conseil lorsqu'il n'y avait pas lieu à l'interdiction. Il a gardé le même silence par rapport à la prodigalité ; il dit simplement : Il peut être défendu aux prodigues de plaider, de transiger, d'emprunter, de recevoir un capital mobilier et d'en donner décharge, d'aliéner, ni de grever leurs biens d'hypothèques, sans l'assistance d'un conseil qui leur est nommé par le tribunal (C. c., art. 513).

Il est si difficile de définir le prodigue, qu'inévitablement les mesures répressives seront toujours arbitrairement appliquées (Locré, t. VI, p. 499).

La prodigalité est ce penchant qui porte un individu à dissiper son bien en vaines profusions, qui ne met ni fin ni mesure à ses dépenses, et fait craindre la ruine de son patrimoine sans but utile pour lui ni pour la société, et souvent même dans un but que réprouve la morale.

Il ne faut pas confondre le prodigue avec l'homme libéral. L'homme libéral se trouve placé entre le prodigue et l'avare, comme toute vertu entre deux vices opposés. La libéralité nous porte à faire un noble usage des dons de la fortune en soulageant les malheureux, en encourageant les beaux-arts, etc. Le dissipateur, le prodigue, consume sa fortune en dépenses inutiles et excessives; il la mange rapidement au jeu, en festins, en présents sans motifs et souvent pour des motifs peu honnêtes. Le besoin de dépenser le tourmente sans cesse, il a recours à des emprunts, et l'opulence, chez lui, serait bientôt transformée en misère, si la loi n'autorisait les parents à mettre un frein à cette licence.

L'on ne doit pas confondre avec la prodigalité les mauvaises opérations qui avaient une chance de succès et un but raisonnable, et les faire servir de prétexte pour enlever à un citoyen le libre exercice de ses droits. Il n'est pas donné à chacun de réussir dans ses spéculations; la fortune n'accorde pas ses faveurs à tous les individus.

La manie des procès est un autre genre de prodigalité qui n'est pas moins pernicieuse à celui qui en est possédé, et qui a le funeste effet de rejaillir sur les autres en troublant leur repos.

Ceux qui n'abusent que dans une certaine limite du droit de disposer, ne sont pas prodigues. On considère aussi beaucoup l'objet des dépenses.

En général, on peut dire qu'en matière de prodigalité, la dissipation ne doit pas être aussi grande lorsqu'elle est jointe à une certaine faiblesse d'esprit, que lorsqu'elle forme le seul titre en dation de conseil.

Lorsqu'on interdit un individu, c'est moins l'intérêt d'une famille que l'on considère, que celui d'un sujet, surtout quand il s'agit de l'interdiction d'un célibataire. Il est clair que quand nous parlons de la famille de l'interdit, nous n'entendons pas dire que ses enfans ne méritent pas les égards de la loi; au contraire, c'est dans leur intérêt comme dans celui de leur père, et non pour l'avantage des collatéraux qu'elle prescrit des mesures en pareilles circonstances. Il résulte de là qu'il n'appartient qu'à l'autorité judiciaire de prononcer l'interdiction, *sensu lato*, car c'est elle qui est la sauve-garde de la liberté et du bien-être des individus.

La prodigalité d'un célibataire doit être plus grande que celle d'un père de famille. Celui-là est, dans toute l'énergie de ce mot, *maître* de tout ce qu'il possède; il ne doit rien à ses collatéraux, point d'aliments pendant sa vie, point de succession après sa mort. Il n'en est pas de même du père de famille, dont les enfants sont regardés en quelque sorte comme les copropriétaires, et à sa mort, c'est moins une succession qui leur est déférée, qu'une continuation de propriété (L. 11, *D. de liberis et posthumis*). Si le père méconnaît les obligations sacrées que lui impose le titre de père, s'il sacrifie les moyens d'existence de ses enfants à ses passions, il n'y a pas à balancer; le juge doit lui donner un conseil, et lui dire, comme faisait autrefois le préteur romain : *Quando tua bona avitaque nequitiâ perdis, liberosque tuos ad egestatem perducis, ob eam rem tibi eâ-re commercioque interdico* (Paul, *Recept. sentent.*, liv. 3, tit. 4, § 7).

Les héritiers présomptifs d'une personne, choqués de ses libéralités et de ses actes de bienfaisance, sont portés facilement à l'accuser de prodigalité et à la citer en conséquence devant les tribunaux pour lui interdire une faculté qui leur semble un abus. Les juges doivent examiner les motifs qui guident les demandeurs et voir s'ils ne sont pas dictés par un esprit d'intérêt personnel.

Un seul abus et même plusieurs, en choses de peu d'importance, ne peuvent constituer la prodigalité; il faut des actes réitérés, il faut que l'abus soit tourné en habitude.

Il ne faut pas attendre que le prodigue ait dissipé sa fortune pour recourir à une mesure qui deviendrait alors souvent inutile. Mais quel sera le terme où on devra l'arrêter? Où puisera-t-on des preuves suffisantes de prodigalité? Voilà ce que la loi abandonne, avec raison, à la prudence des juges.

Le mineur peut-il être interdit? Dans le projet du Code on avait d'abord adopté la négative, et l'on y trouvait en conséquence un

article suivant lequel on ne pourrait jamais interdire le mineur.
Mais Locré nous apprend que cette disposition fut rejetée sur les
observations de la Cour de cassation, par le motif que, si cette action ne pouvait être admise qu'à la majorité, l'intervalle de la demande au jugement pourrait être employé à ratifier des actes rui-
neux faits en minorité, contre chacun desquels une discussion particulière deviendrait ensuite nécessaire, même après l'interdiction.

D'ailleurs le mineur peut tester à seize ans (art. 904); il peut être
émancipé et avoir l'administration de ses biens (art. 481). Nous pensons donc qu'on peut provoquer l'interdiction d'un mineur, et le
juge devrait la prononcer si sa conduite paraissait l'exiger, pour prévenir les abus qu'il pourrait faire du premier usage de sa liberté
(arrêt de la Cour de Dijon du 24 avril 1830). Le mineur peut aussi
être pourvu d'un conseil judiciaire, car qui peut le plus peut le
moins. L'on ne doit avoir recours à cette mesure qu'à une époque
très-rapprochée de la majorité. Toutefois il existe cette différence
entre le majeur et le mineur, sur ce point, que le premier doit être
nécessairement interdit quand on en fait la demande, et que le fait
qui y donne lieu est prouvé, tandis qu'il n'y a pas nécessité d'employer cette mesure contre le mineur quand même les causes en seraient constatées : c'est aux tribunaux qu'il appartient de statuer selon la circonstance et pour le plus grand avantage du défendeur.

§ 3. — *Des personnes qui ont le droit de provoquer la nomination d'un conseil.*

Nos intérêts sont presque toujours la mesure de nos actions.

L'affection naturelle que les parents ont pour l'individu dont les
facultés intellectuelles sont dérangées ou dont il fait un usage capable de le conduire à sa perte, est le fondement de l'action en interdiction et en fait une véritable action de famille, d'ailleurs ils
ont toujours intérêt à prévenir sa ruine. Il y a solidarité d'honneur
et d'affection entre les membres qui composent la même famille, ils

peuvent être jaloux de cacher son infirmité ou ses penchants vi-
cieux ; la famille doit être le premier arbitre de son sort.

La défense de procéder sans l'assistance d'un conseil peut être
provoquée par tous ceux qui ont droit de demander l'interdiction
(C. c., art. 514).

Cet article pourrait faire croire que la nomination d'un conseil
judiciaire peut être demandée par le procureur du roi, mais il n'en
n'est pas ainsi. En effet, il ne s'agit ici ni des excès d'un furieux qui
menace le repos et la sûreté publique, ni d'un individu en démence, dénué de parents connus ; le ministère public est donc sans
intérêts pour agir (arg. de l'art. 491 du C. c.).

Tout parent est recevable à provoquer l'interdiction de son parent. Il en est de même de l'un des époux à l'égard de l'autre (C. c.,
art. 490).

Les alliés n'auraient pas ce droit, car l'article ci-dessus dit tout
parent, ce qui ne comprend point les alliés. L'art. 407, qui les ad-
met au conseil de famille, pourrait être cité en leur faveur, mais le
droit de demander l'interdiction ou la nomination d'un conseil est
tout différent ; le Code paraît avoir voulu le renfermer entièrement
dans la famille. Il faut donc le refuser aux alliés, à moins qu'ils ne
l'exercent au nom de leur femme ou de leurs enfants. Ils ne succè-
dent pas personnellement à celui dont on demande l'interdiction,
sensu lato, et l'un des principaux motifs qui ont déterminé le législateur à faire de l'action en interdiction une action de famille cesse
à leur égard.

Cependant le tuteur des enfants mineurs peut, en cette qualité et
comme exerçant l'action de ceux-ci, provoquer la nomination d'un
conseil. Le tuteur représente le mineur dans tous les actes civils (C.
c., art. 450. Arrêt de la Cour de Bruxelles du 15 mai 1807, Sirey,
1807, II, 706, et du 3 août 1808. Sirey, 1813, II, 319).

Un majeur ne peut être pourvu d'un conseil judiciaire sur sa propre demande. L'état des particuliers ne dépend point de leur vo-

G.

lonté. L'état et la capacité des citoyens ne sont soumis qu'à la loi ;
elle seule peut les en priver, elle seule peut déterminer les causes
qui leur en font encourir la privation ; et ces causes, elle veut que
les juges les examinent avec autant d'exactitude que de solennité
avant d'user du droit redoutable qu'elle leur confère. D'ailleurs on
ne peut déroger par des conventions particulières aux lois qui intéressent l'ordre public (C. c. , art. 6). Or, quelles lois intéressent
plus l'ordre publique que celles qui fixent l'état des hommes, qui
en même temps qu'elles enchaînent le mineur dans des liens salu-
taires, laissent au majeur le plein exercice de sa liberté naturelle.

Dans l'ancienne jurisprudence on pouvait demander un conseil
soi-même ; cette faculté avait même été conservée dans le projet du
Code et il existait un titre intitulé *du conseil volontaire.* Il a été sup-
primé dans la rédaction définitive, ce qui prouve clairement qu'il
doit toujours être demandé par une tierce personne qui renferme
les qualités voulues par la loi. C'est en vain que l'on objecterait que
la nomination d'un conseil judiciaire n'opère aucun changement
d'état, que c'est simplement une précaution contre les erreurs et les
surprises auxquels est exposé un individu d'un caractère et d'un esprit trop faciles et trop faibles, et que cette dation de conseil ne pré-
juge point, comme le jugement d'interdiction, les actes antérieurs
qui conservent toute leur force ; et quant aux actes postérieurs, le
public est averti par la publicité que l'on donne au conseil.

§. 4. — *De la forme dans laquelle doit être provoquée la nomination
d'un conseil et de ses formes.*

La demande en dation de conseil doit être instruite et jugée de la
même manière que la demande en interdiction (C. c., art. 514).

Toute demande en interdiction sera portée devant le tribunal de
première instance. (C. c., art. 492).

La demande s'introduit par une requête présentée au président du
ribunal de première instance du domicile de la personne que l'on

veut interdire, ou à laquelle on veut donner un conseil ; elle doit
contenir les faits d'imbécillité, de démence ou de fureur et de prodigalité, ainsi que les noms des témoins que l'on veut produire. A cette
requête sont jointes les pièces justificatives, s'il en existe (C. c., art.
493 et C. de pr. civ., art. 890). Il ne suffit pas de parler en termes
généraux, il faut articuler des faits.

Le président ordonne la communication du tout au ministère public, et commet un juge pour faire rapport à jour indiqué (C. de
pr. civ., art. 891).

Audit jour, sur le rapport du juge et les conclusions du ministère
public, le tribunal ordonne, s'il croit qu'il y a lieu à poursuivre, la
convocation d'un conseil de famille, formé selon le mode déterminé
au titre de la minorité ; ceux qui ont provoqué la nomination du conseil ne pourront en faire partie. Sont exceptés de cette disposition,
l'époux, l'épouse et les enfants qui y auront seulement voix consultative. Ce conseil donnera son avis (C. c., art. 494, 495, et C. de
pr., art. 892). Cette mesure est très-sage, puisque la famille est à
même de connaître mieux que personne l'état du défendeur, et qu'elle
pourra s'expliquer sur l'utilité ou sur le défaut de nécessité de prononcer l'interdiction qui peut être provoquée par un intérêt purement personnel. C'est pour cela que l'art. 495 du Code civil ajoute
que ceux qui font la provocation ne peuvent faire partie du conseil
de famille. Nous venons de voir que la loi n'excepte de cette disposition que l'époux et les enfants. Ici s'élève la question de savoir si,
lorsque l'époux ou les enfants n'ont pas provoqué la nomination du
conseil, ils ont voix délibérative. Nous rangeant du côté du plus grand
nombre des auteurs, nous adoptons l'affirmative. Les partisans de
l'opinion contraire font d'une exception une règle générale, suivant
laquelle le conjoint ou les enfants ne seraient toujours admis au conseil qu'exceptionnellement, par tolérance plutôt que par droit, et
n'y auraient jamais que voix consultative, quand la loi ne le dit que
dans le cas où ils sont demandeurs.

G.   3.

On dit qu'il eût été peu convenable et peu moral de mettre un conjoint ou des enfants dans la cruelle obligation de prononcer sur l'état d'un père ou d'un époux malheureux ou humilié qu'ils doivent toujours entourer d'égards et de respect ; mais si cette observation avait quelque poids, la loi ne leur eût pas permis de provoquer l'interdiction, ce qui est bien autrement grave que d'émettre un simple avis (arr. de la Cour de cass. du 13 mars 1833. Sirey, t. XXXIII, 1, 257). Il y aurait encore moins de difficultés s'il s'agissait d'un gendre ; car les prohibitions ne peuvent être étendues.

Le poursuivant a qualité pour *requérir* du juge de paix la convocation du conseil de famille. À cet effet, il lève le jugement ; mais c'est au juge de paix qu'il appartient d'appeler lui-même des amis, à défaut de parents domiciliés dans la distance désignée par la loi. Ce soin ne regarde nullement la personne qui provoque la dation du conseil judiciaire (Cour de Besançon, 9 avril 1808).

Après avoir reçu le procès-verbal de délibération, le tribunal signifie l'avis et la requête au défendeur, avant de procéder à son interrogatoire (C. de pr., art. 893). Cette signification a pour but d'avertir le défendeur de réfléchir sur sa position et sur les moyens de défenses qu'il aura à opposer.

Cet interrogatoire se fait en la chambre du conseil ; si le défendeur ne peut s'y présenter, il sera interrogé dans sa demeure par l'un des juges à ce commis, assisté du greffier. Dans tous les cas, le procureur du roi sera présent à l'interrogatoire (C. c., art. 496). Il ne convient pas que le demandeur assiste à l'interrogatoire.

Il ne peut y avoir lieu à la nomination d'un curateur ou conseil provisoire, lorsqu'il s'agit de la dation d'un conseil judiciaire. Il peut y avoir plusieurs interrogatoires (C. c., arg. de l'art. 497).

Il peut arriver que ce moyen n'atteigne pas le but désiré ; aussi l'art. 893 du Code de procédure a sagement agi en ajoutant aux dispositions précitées un correctif qu'il est important de remarquer. Si l'interrogatoire et les pièces produites, y est-il dit, sont insuffisants, le tribunal pourra ordonner que les faits seront prouvés par témoins. Cette enquête qui peut avoir lieu hors la présence du défendeur, se fait en la forme ordinaire sur les faits pertinents et admissibles (article cité). La Cour de Bruxelles a jugé, le 15 mai 1807, que des parents peuvent être entendus comme témoins, sur les faits reprochés au défendeur à la demande à fin de nomination de conseil, encore qu'ils aient fait partie du conseil de famille qui a donné son avis.

L'interrogatoire est de rigueur, mais l'enquête est facultative.

Après toutes ces formalités, si le tribunal se croit suffisamment instruit, il fait assigner celui auquel on veut donner un conseil; car le jugement ne peut être rendu qu'à l'audience publique, les parties entendues ou dûment appelées (C. c., art. 498). Le défendeur peut constituer avoué, etc. Le ministère public doit toujours donner ses conclusions (C. c., art. 515). Jusqu'à ce moment, toute l'instruction a été secrète dans la chambre du conseil, pour ne pas jeter publiquement sur la personne attaquée des soupçons peut-être faux. Mais lorsqu'il s'agit de rendre le jugement, tout doit être public; afin que, si la demande n'est point admise, tous les soupçons qu'avait pu concevoir le public se dissipent, ou bien afin que, si elle est admise, chacun apprenne que l'on ne peut plus contracter avec telle personne.

En matière d'interdiction proprement dite, la nomination du tuteur et subrogé tuteur est toujours faite par le conseil de famille; mais quant au conseil donné aux faibles d'esprit ou aux prodigues, c'est au tribunal qu'il appartient de le nommer, lui seul en a le droit. Le conseil de famille a bien la faculté d'indiquer la personne qu'il désire voir nommer, mais le tribunal n'en reste pas moins libre dans son choix. On désigne ordinairement des jurisconsultes, des avoués, des notaires, etc. On peut nommer un seul ou plusieurs conseils, et alors, s'il n'est pas dit qu'ils sont nommés l'un à défaut de l'autre, il faut l'avis de tous pour valider les actes où leur assistance est nécessaire ; s'ils sont nommés l'un à défaut de l'autre, il faut s'adresser de préférence au premier nommé, et aux autres seulement en cas d'empêchement du premier.

Les incapacités, exclusions et destitutions relatives aux tuteurs sont applicables aux conseils judiciaires ainsi que l'art. 5o8 qui indique le temps pendant lequel le tuteur de l'interdit sera tenu de conserver la tutelle.

Si le jugement qui nomme le conseil est rendu par défaut, on peut y former opposition ; car, on doit suivre la règle générale lorsqu'une disposition particulière n'y déroge pas. Soit que le jugement porte dation ou refus de conseil, il est, comme tout autre, sujet à l'appel. L'appel peut être interjeté : 1º par le demandeur et par chaque membre du conseil de famille, si la dation du conseil n'a pas été prononcée ; 2º par le défendeur, si la demande a été admise. Dans le premier cas, l'appel est dirigé contre celui auquel on voulait nommer un conseil ; dans le second cas il sera dirigé contre le provoquant (C. de proc., art. 89ǎ).

La Cour royale pourra faire interroger de nouveau le défendeur ; mais cette formalité est pour elle une faculté et non un devoir. L'instruction qui a eu lieu devant les premiers juges a pu être telle, que les magistrats soient convaincus, par cette instruction qui est sous leurs yeux, de la nécessité de confirmer le jugement sans recourir à un interrogatoire inutile. En première instance, l'interrogatoire doit être fait ou par le tribunal, ou par un juge commis, mais pris dans son sein ; en appel, si le défendeur n'est pas interrogé par la Cour, il suffit qu'il le soit par un juge délégué, ce qui ne suppose point la nécessité de le prendre dans son sein. La nécessité de la présence du ministère public aux interrogatoires faits en première instance n'est point exigée pour ceux faits sur appel.

La loi, en protégeant l'homme faible ou celui qui abuse de sa raison, a dû prendre les précautions convenables pour faire connaître leurs incapacités à ceux qui, trompés par de fausses apparences, pourraient contracter avec eux; car nous savons que ceux auxquels il a été nommé un conseil judiciaire, ne peuvent plus faire certains actes sans l'assistance de ce conseil : il faut donc en avertir la société (C. c., art. 5o1). Cette formalité doit être remplie même à l'égard du jugement de première instance, et cela est fondé sur ce que par l'arrêt confirmatif qui peut intervenir, la sentence des premiers juges devant avoir son effet du jour où elle aurait été prononcée, il est juste que le public ne l'ignore pas.

L'affiche du jugement, en cas d'appel, est une dérogation aux règles ordinaires suivant lesquelles l'appel suspend l'exécution du jugement, car incontestablement l'affiche est un commencement d'exécution.

Pour parvenir à la publicité exigée, l'extrait du jugement ou arrêt est signifié, dans les dix jours, au secrétaire de la chambre des notaires; celui-ci en donne récépissé et le communique à ses collègues qui sont tenus d'en prendre note et de l'afficher dans leurs études, à peine de dommages-intérêts envers les tiers qui auraient contracté avec le pourvu d'un conseil, et dont les engagements seraient annulés (art. 18 de la loi du 25 ventôse an XI). Le jugement sera de plus inscrit sur les tableaux qui doivent être affichés dans la salle de l'auditoire.

On peut faire insérer le jugement sur les journaux du département pour lui donner plus de publicité; le règlement sur la taxe des avoués leur alloue un droit lorsqu'ils soignent cette insertion, mais elle n'est prescrite par aucune disposition de la loi.

§ 5. *Des effets du jugement qui nomme un conseil.*

Les effets que produit la nomination d'un conseil judiciaire sont bien différents de ceux de l'interdiction. Celle-ci entraîne un véritable changement d'état; le majeur, de capable qu'il était, devient totalement incapable. Celui auquel il a été donné un conseil conserve la jouissance de ses droits politiques, l'exercice de ses droits civils, et l'administration de ses biens. Seulement, pour les actes d'une plus haute importance que l'administration, il est forcé de prendre les conseils et de recourir à l'assistance d'un homme sage et prudent : c'est ainsi qu'il sauvera son patrimoine et sera ramené sans scandale à une vie plus raisonnable. Il ne peut donc faire que des actes de pure administration, ce qui semble exclure toute espèce d'aliénation. Mais cela ne doit point s'entendre ainsi ; puisqu'il a la libre disposition des fruits de son patrimoine, qu'il peut les vendre, les échanger, etc., restreindre sa capacité absolue de disposer de ses choses mobilières, à celles-là seulement, ce serait établir une distinction que la loi n'a pas faite. D'ailleurs l'administration des biens emporte la disposition du mobilier : c'est ainsi que la femme (C. c., art 1449) qui est investie de ce droit d'administration, peut disposer de son mobilier et l'aliéner.

Il ne faut pas confondre l'aliénation des choses mobilières avec l'obligation qui aurait pour objet de livrer des choses de cette nature. Dans ce second cas, on pourrait se ruiner en s'obligeant à livrer des choses qu'on n'aurait pas, et que peut-être on ne pourrait avoir.

De ce que la loi énumère avec soin les actes pour la validité desquels l'assistance du conseil est requise, il s'ensuit que celui qui en est pourvu peut faire seul tous ceux qui ne sont pas compris dans cette énumération. Les art. 499 et 513 du Code civil sont limitatifs et le tribunal ne pourrait interdire des actes qui n'y sont pas formellement énoncés. Il peut donc se marier sans autres formalités que celles exigées pour tout majeur. La nomination du conseil n'a pour objet que la conservation des biens, elle n'a point d'effet sur la personne même, et par conséquent elle ne peut vicier un engagement qui est en soi personnel. Cependant pour ce qui concerne les effets du mariage, cela peut souffrir quelques difficultés, à cause de l'hypothèque tacite qui a lieu en faveur de la femme sur les biens du mari (C. c., art. 2135). Le mariage n'en serait pas moins valable, mais la femme n'aurait pas d'hypothèque : *debet sibi imputare quod tali nupserit.* En second lieu qu'arriverait-il quant aux conventions matrimoniales? La femme jouira-t-elle de tous les avantages qui lui ont été promis dans le contrat de mariage et appliquera-t-on l'adage : *habilis ad nuptias, habilis ad matrimonii consequentias ?* Il serait fort singulier que l'individu pourvu d'un conseil puisse aliéner ou grever ses biens d'hypothèques par la voie du mariage, tandis que les termes exprès et limitatifs de l'art. 513 le déclarent généralement incapable de l'un et de l'autre. Mais comme il peut tester, on doit distinguer entre les donations entre-vifs et celles à cause de mort, et lui accorder la faculté de faire les dernières.

Nous venons de dire que celui auquel il avait été nommé un conseil judiciaire pouvait tester. Mais ne devrait-on pas admettre une exception pour le cas où cette nomination aurait eu lieu d'après l'art. 499 et non pour cause de prodigalité? Nous ne pouvons qu'admettre la négative. Vainement invoquerait-on l'art. 901 du Code civil; cet article dit à la vérité que pour tester il faut être sain d'esprit, mais il ne dit pas qu'il faut l'être complétement. Ce qui peut faire pencher le plus pour cette opinion, c'est que l'art. 499 ne met pas l'incapacité de tester au nombre de celles qu'il fait résulter de la nomination d'un conseil motivée sur la faiblesse d'esprit qui ne va pas jusqu'à l'imbécillité absolue.

L'assistance du conseil peut s'exercer de deux manières : 1° par sa présence et son consentement simultanés constatés par sa signature au bas de l'acte ; 2° par un écrit spécifiant le cas pour lequel le consentement est donné ; cet écrit doit toujours être annexé à l'acte qu'il autorise.

La personne soumise à la direction d'un conseil, agit par elle-même. Le conseil ne doit point paraître en nom dans les actes qu'elle fait ; il n'y doit être nommé que comme approuvant. La procédure dirigée contre le conseil serait nulle ; on doit assigner la personne qui y est soumise, sauf au demandeur, si elle ne justifiait pas de l'avis de son conseil, à obtenir un jugement qui le condamne à cette formalité. L'assistance du conseil consiste à procéder conjointement avec l'individu auquel il a été nommé.

La nomination du conseil aura son effet du jour du jugement. Tous actes passés postérieurement sans l'assistance du conseil, seront nuls de droit (C. c., art. 502).

Il faut remarquer que la nullité des actes passés postérieurement au jugement de première instance, jusqu'à l'arrêt rendu sur appel, est subordonnée au succès de l'appel.

Les actes antérieurs à la nomination d'un conseil sont inattaquables, ceux de l'interdit le sont. Cette différence est fondée sur ce que l'incapacité de l'homme en démence est de droit naturel; le jugement ne la prononce pas, il ne fait que la déclarer, tandis que l'incapacité de celui qui a reçu un conseil n'est que civile, produite par le jugement même et seulement pour les actes d'exception qu'il énonce. Cependant l'on pourrait se demander si les actes passés pendant la litispendance doivent être annulés, s'ils sont au profit d'un homme qui avait connaissance de la demande, par exemple, s'il avait fait partie du conseil de famille qui a donné son avis. Cette question doit être abandonnée aux tribunaux, qui jugeront d'après les circonstances.

Les actes qui n'avaient pas de date certaine avant la nomination du conseil, sont-ils présumés de plein droit postérieurs au jugement ? L'affirmative serait bien rigoureuse pour une foule de créanciers de bonne foi, qui, ne pouvant prévoir l'emploi d'une semblable mesure contre leur débiteur, auraient négligé de donner date certaine à leurs actes : il paraît plus juste de dire que l'appréciation des circonstances est abandonnée à la sagesse des magistrats. Cependant la Cour suprême paraît avoir pensé, d'une manière générale, que les actes dépourvus d'une date certaine doivent être déclarés nuls (arrêt du 9 juillet 1816, Sirey, t. XVII, 1, 110).

Il faut entendre ces mots *nuls de droit*, de l'art. 502, dans ce sens, qu'il n'y a rien à prouver pour en faire prononcer la nullité : il suffit de justifier que le conseil était nommé quand l'acte a été passé; à la différence du mineur qui, outre sa minorité, doit prouver encore qu'il a été lésé par l'acte dont il demande la nullité, suivant la maxime : *Minor restituitur non tanquam minor, sed tanquam læsus*. La nullité dont il s'agit n'est point absolue, mais seulement relative (C. c., art. 1125). Ce qui prouve qu'il en est ainsi, c'est que l'action en nullité, qu'a celui auquel il a été donné un conseil, doit, comme celle de l'interdit, être exercée dans les dix ans, du jour où son incapacité a cessé par la main-levée du jugement, où ces actes deviendraient valables (C. c., art. 1304).

Tout l'objet de la nomination d'un conseil étant de prévenir le préjudice que pourraient éprouver ceux en faveur desquels elle est faite, ce serait aller directement contre le but qu'on se propose, si l'art. 1125 n'était point applicable, et qu'ils puissent être obligés de renoncer aux avantages certains qu'ils se seraient procurés sans l'intervention de leur conseil.

La disposition de l'art. 502, relativement à la nullité des actes passés postérieurement à la nomination d'un conseil, sans l'assistance de ce conseil, est-elle applicable au cas où le jugement n'a pas été inscrit sur les tableaux affichés dans l'auditoire du tribunal ou dans les études de tous les notaires de l'arrondissement? Nous ne le pensons point, car ces formalités ne tiennent pas essentiellement à la substance du jugement qui nomme un conseil. Ces formalités ne peuvent être remplies qu'après que le jugement a été rendu, qu'après qu'il a été prononcé à l'audience, qu'après qu'il a reçu sa perfection, elles lui sont donc extrinsèques. Les nullités ne se suppléent pas et les principes généraux sur la nullité s'opposent à ce qu'on ajoute à l'art. 501 une clause irritante qui n'y est pas écrite. Si l'effet de la nomination d'un conseil était subordonné à l'accomplissement des formalités prescrites par l'art. 501, de quel jour cet effet aurait-

il lieu ? Du jour où ces formalités auraient été remplies , et cependant
l'art. 5o2 dit : *La nomination d'un conseil aura son effet du jour du jugement.* Le conseil n'est-il pas nommé spécialement dans l'intérêt
du faible d'esprit ou du prodigue ? Et alors peut-on en faire dépendre l'effet de la négligence des tiers , ou peut être même du
hasard ? La Cour de cassation a adopté l'opinion contraire dans un
arrêt du 16 juin 1810 (Sirey, t. XI, 1, 5).

La personne pourvue d'un conseil judiciaire conserve la faculté
de doter convenablement ses enfants , sans l'assistance de son conseil.
Toutefois, cette faculté ne pourrait jamais l'autoriser à faire aucun
des actes qui lui sont formellement interdits par les art. 499 et 513
du Code civil. Ainsi, la dot ou avancement d'hoirie ne pourra pro-
venir d'emprunts , de réception d'un capital mobilier , ou d'aliéna-
tions immobilières, etc.

Si celui qui est pourvu d'un conseil a une action à exercer contre
celui-ci, c'est le tribunal et non le conseil de famille qui doit pourvoir à son remplacement ou à la nomination d'un conseil *ad hoc ,*
dont l'assistance est nécessaire pour l'existence de cette action. Lors
de la première nomination , c'est le tribunal qui l'a faite par le jugement même qui donnait le conseil , et l'on doit ici appliquer la
règle : *Nil tam naturale est , quàm eo genere quodque dissolvi quo colli-
gatum est* (L. 35 , *D. de regulis juris*).

Les biens des conseils judiciaires ne sont point grevés d'une hypothèque légale en faveur de ceux auxquels ils doivent prêter leur
assistance. Cette mesure de précaution ne regarde que ceux qui ,
étant chargés d'une tutelle effective, gèrent et administrent par eux-
mêmes les biens et les affaires d'un mineur ou d'un interdit proprement dit.

Un majeur pourvu d'un conseil judiciaire peut-il être admis à
exercer le commerce ? Il ne peut disposer seul , et le commerce se
compose d'actes de disposition. On voit donc déjà l'impossibilité
pour lui d'exercer le commerce. Il est vrai que l'on peut assimiler

le majeur dont il s'agit au mineur émancipé dont la capacité est cependant plus restreinte. Il peut faire tout, même aliéner ses im-
meubles, avec la seule assistance de son conseil; mais la raison qui
a engagé le législateur à permettre le commerce au mineur émancipé, s'oppose à la même faveur à l'égard du majeur pourvu d'un
conseil judiciaire, car s'il paraissait capable de faire le commerce,
il serait plus facile de lever le jugement qui lui a donné un conseil.

§ 6. — *De la main-levée du jugement qui a nommé un conseil.*

Le jugement de nomination d'un conseil peut rentrer dans le
néant, il peut en être donné main-levée, quand la cause qui l'avait
fait rendre n'existe plus. Cette demande en main-levée doit être
instruite et jugée en observant les mêmes formalités que celles que
l'on a suivies pour parvenir à la dation du conseil. Le pourvu d'un
conseil peut, sans l'assistance de son conseil, demander que le jugement qui le lui a nommé soit levé; il suffit qu'il le mette en cause.
Aucune loi, en effet, ne prescrit l'avis du conseil pour l'exercice de
la demande en main-levée, qui est de droit naturel (arrêt de la Cour
de Riom du 2 décembre 1830, Sirey, t. XXXIII, 2, 493). Le tribunal
doit consulter le conseil de famille, interroger celui contre qui la
nomination avait été faite, et prononcer la main-levée de la même
manière qu'il avait nommé le conseil.

DROIT CRIMINEL.

DE LA RÉHABILITATION DES CONDAMNÉS.

La trace de la réhabilitation se trouvait déjà dans l'art. 5, tit. 16 de l'ordonnance de 1670, qui autorisait les lettres de réhabilitation et leur donnait l'effet de remettre le condamné en *ses biens et bonne renommée*.

La réhabilitation dont s'occupe le Code d'instruction criminelle, n'a rien de commun avec celle qui est autorisée par le tit. 5 du liv. 3 du Code de commerce. Celle-ci doit se prononcer par la chambre civile de la Cour royale, après des formes particulières en faveur des faillis et des banqueroutiers simples condamnés à des peines correctionnelles qu'ils ont subies.

La disposition de l'art. 612 du Code de commerce, qui n'a pour objet que la réhabilitation civile, ne peut apporter d'obstacle à ce que les banqueroutiers frauduleux, condamnés comme tels, jouissent de la réhabilitation criminelle, et qu'elle soit prononcée en la forme prescrite par l'art. 619 du Code d'instruction criminelle. Pour soutenir le contraire, il faudrait supposer dans ledit art. 619 une exception qui ne résulte ni de son texte ni de son esprit, et dire que le Code aurait voulu traiter avec plus de rigueur le banqueroutier que le voleur avec effraction, le meurtrier, etc. Le Code d'instruction criminelle est postérieur au Code de Commerce. Or, si le législateur avait voulu établir, pour le banqueroutier frauduleux, une exception à la règle générale posée en l'art. 619, il s'en serait positivement expliqué.

La peine pèse (juridiquement) sur le condamné aussi longtemps qu'il ne l'a pas entièrement subie. Elle cesse de plein droit dès qu'elle est subie, sauf l'infamie et les incapacités accessoires de la peine, qui ne peuvent être effacées que par la réhabilitation. La grâce ne pourrait produire cet effet; elle porte seulement sur l'exécution du jugement, qu'elle empêche ou qu'elle fait cesser pour l'avenir : elle n'est accordée que pour la peine physique, et laisse subsister les incapacités civiles et civiques. Il faut cependant faire une exception pour le cas où la grâce est accordée avant l'exécution du jugement, car alors le condamné n'est pas frappé d'incapacités, celles-ci ne commençant jamais qu'avec l'exécution (avis du conseil d'État du 8 janvier 1823).

La réhabilitation est un acte mixte qui émane essentiellement du prince, mais auquel concourent, dans l'intérêt public et dans celui des tiers, les autorités administratives et judiciaires. La demande en réhabilitation est un véritable recours judiciaire, mais la réhabilitation même est un acte de souveraineté et à la nature d'un acte de grâce.

La réhabilitation est un acte de la prérogative royale (art. 58 de la Charte), par lequel les effets de la condamnation infamante, dans la personne du condamné qui a subi sa peine, sont effacés pour l'avenir.

Cette définition nous fait voir que le condamné par contumace ne peut être admis à la réhabilitation. Il en est de même du condamné contradictoirement qui s'est évadé avant l'exécution ou après avoir subi une partie de sa peine; il faut qu'il l'ait subie entièrement pour se trouver dans les conditions que renferme l'art. 619, et rendre ainsi sa demande recevable.

La réhabilitation a pour objet l'amendement moral du condamné. En donnant l'espoir au condamné d'être réhabilité dans l'opinion publique, et relevé des incapacités qui pèsent sur lui, on l'engage à revenir de ses erreurs et à mériter l'oubli de son crime par sa bonne conduite. S'il perdait cet espoir, comme il se trouverait contraint de passer le reste de sa vie dans l'ignominie, son unique occupation serait de troubler l'ordre public, puisqu'il ne pourrait que gagner au changement qui viendrait à s'opérer.

Cette institution est donc aussi politique que morale.

Le droit de grâce peut s'exercer sur ceux qui sont condamnés à des peines afflictives ou infamantes comme sur ceux qui n'ont encouru que des condamnations correctionnelles, mais le Code ne parle pas de la réhabilitation sous le rapport des condamnés correctionnels. Plusieurs arrêts de Cours royales avaient cru pouvoir interpréter l'esprit de la loi, et faire fléchir la rigueur de son texte devant les raisons d'une équitable et nécessaire analogie ; mais la Cour suprême a toujours rendu au Code d'instruction criminelle toute l'inflexibilité de son exception. Une commission chargée en 1839 d'examiner un nouveau projet de loi sur la réhabilitation, s'est d'abord occupée de savoir si elle devait être accordée en matière correctionnelle aussi bien qu'en matière criminelle. Elle n'a pas hésité à admettre l'affirmative, en ayant soin toutefois de ne pas confondre les deux classes des condamnés dans la même catégorie, car la nature des peines qui frappent les uns et les autres ne demande pas une réparation aussi complète, ni des garanties aussi difficiles, etc. La commission s'est aussi occupée des condamnés pour récidive.

La grâce fait cesser la peine, et prend le condamné tel qu'il est, sans avoir d'effet rétroactif : elle remet la totalité de l'amende, si elle n'a pas été acquittée, à moins que la décision du roi ne contienne une restriction, mais sans jamais préjudicier aux droits de la partie civile.

La réhabilitation n'a pas pour objet de faire cesser les peines corporelles et principales prononcées contre un individu ; elle ne peut au contraire, être sollicitée qu'après que le condamné a subi sa peine et après un délai déterminé. Elle n'a pas d'effet rétroactif, le crime n'est pas comme non avenu ; il cesse seulement d'avoir, à l'égard du condamné, les effets personnels qu'il avait eus conformément au jugement. La réhabilitation n'a pas non plus d'effet sur les condamnations pécuniaires ; elle ne peut paralyser l'action que la partie civile aurait encore à exercer. Les condamnations civiles étant indépendantes de celles prononcées pour la vindicte publique, la non-exécution des premières ne peut arrêter la cessation des incapacités que la réhabilitation entraîne toujours immédiatement.

La réhabilitation devant être le prix de la bonne conduite légalement constatée de celui qui prétend l'obtenir, on l'a assujettie à plusieurs formalités nécessaires et indispensables.

Deux choses sont de rigueur pour que la demande en réhabilitation soit recevable : 1° la résidence depuis plus de cinq ans dans l'arrondissement communal de la municipalité devant laquelle la demande est formée, et l'habitation depuis au moins deux ans sur le territoire de cette municipalité ; 2° qu'à la requête soient jointes des attestations de bonne conduite des conseils municipaux où le condamné a résidé ou demeuré pendant tout le temps qui a précédé sa demande.

Ces attestations de bonne conduite, qui ne sont autre chose que l'organe de l'opinion publique, étant considérées comme la base de la demande en réhabilitation, la loi veut qu'elles ne puissent être délivrées qu'à l'instant où le condamné quitte son domicile ou habitation ; il faut de plus qu'elles soient approuvées par le sous-préfet et par le procureur du roi ou son substitut, et par les juges de paix des lieux où le condamné aura résidé ou habité (C. d'ins. crim., art 620). Un visa ou une simple légalisation ne remplirait pas le vœu de la loi, il faut que le magistrat supérieur approuve les attestations précédentes en donnant lui-même son témoignage.

La demande en réhabilitation, avec les pièces à l'appui, est adressée à la Cour royale dans le ressort de laquelle réside le condamné. C'est à la Cour de la résidence et non à celle qui a prononcé la condamnation que la demande doit être soumise; car il s'agit de l'exercice d'une nouvelle action, dont la Cour du ressort du demandeur est le juge naturel. Si le condamné résidait dans le ressort de la Cour qui a prononcé l'arrêt, le dépôt des pièces serait fait au greffe de cette même Cour.

Toutes les formalités ci-dessus doivent être faites à la diligence de la partie intéressée; aucune loi ne les met à la charge des conseils municipaux ni des personnes chargées d'approuver leurs attestations; ils donnent respectivement leur approuvé ou leurs attestations, et remettent les pièces au demandeur.

Les conclusions par écrit du ministère public, suivant l'art. 622 du Code d'instruction criminelle, peuvent avoir pour objet, ou le rejet de la demande, si elle n'est pas appuyée par des attestations conformes à celles prescrites par l'art. 620; ou de nouvelles informations en conformité de l'art. 624, si le procureur-général les croit nécessaires; elles ne doivent avoir d'autre objet que d'éclairer la conduite du réclamant depuis sa condamnation; la Cour ne doit pas s'en rapporter aveuglément aux attestations données souvent par faiblesse ou par complaisance; elles sont indépendantes de celles qu'il doit donner d'après l'art. 626.

L'affaire doit être rapportée à la chambre *criminelle*; ce mot ne peut désigner que la chambre d'accusation, d'autant plus que la chambre correctionnelle ne connaît pas des crimes, et l'expression *criminelle* l'exclut formellement. Cependant Legraverend professe l'opinion contraire.

La notice de la demande en réhabilitation doit être insérée au journal judiciaire du lieu où siége la Cour qui doit donner son avis, et du lieu où la condamnation a été prononcée (C. d'inst. crim., art. 625) L'insertion doit être faite à la diligence du procureur-général. Cette mesure a pour objet de se procurer de nouveaux renseignements en avertissant ceux qui pourraient avoir à en donner ou des dénonciations à faire.

La Cour, le procureur-général entendu, donnera son avis (C. d'inst. crim., art. 626). Ce n'est pas un jugement que doit prononcer la Cour royale, elle ne donne qu'un simple avis qui lui est demandé; au roi seul est réservé d'accorder ou de refuser la réhabilitation ; il n'est donc pas nécessaire que le rapport soit fait publiquement, il suffit qu'il le soit à la chambre du conseil. Afin qu'il soit laissé un temps suffisant pour donner aux renseignements le temps de se produire, et que la Cour puisse former son opinion en connaissance de cause, l'avis ne doit être donné que trois mois au moins après la présentation de la demande en réhabilitation. Si ce délai n'était pas observé, l'avis devrait être considéré comme non avenu : le ministre ne ferait pas son rapport, ou s'il le faisait, la réhabilitation serait infailliblement rejetée. Les trois mois courent du jour de la demande à la municipalité et non de la déposition des pièces au greffe ; car c'est à la municipalité que la demande doit être présentée.

Si la Cour est d'avis que la réhabilitation ne peut être admise, le condamné pourra se pourvoir après un nouveau délai de cinq ans (C. d'inst. crim., art. 628). Ainsi, l'avis négatif opère le rejet ou suspension de la demande durant cinq ans. Après ce délai, le condamné doit encore observer les formes prescrites par les articles précédents. Qu'arriverait-il si le condamné échouait encore dans sa nouvelle demande ? Pourrait-il encore se pourvoir après un autre intervalle de cinq ans ? L'article ci-dessus cité n'est nullement limitatif, et en outre, pourquoi empêcher un malheureux de faire tous ses efforts pour recouvrer l'honneur. Ce nouveau délai commence à courir du jour de l'arrêt ou plutôt de l'avis par lequel la Cour a déclaré que la réhabilitation ne pouvait être admise.

Si la demande n'était rejetée que sur le motif de l'irrégularité des formalités à observer, et que ce motif soit indiqué dans l'avis du rejet,

G.5.

nous pensons que le condamné, par suite de sa première demande, et sans attendre cinq ans, serait recevable à demander, qu'à la vue des nouvelles pièces qu'il présenterait, il fût prononcé de nouveau sur sa demande.

Si la Cour pense que la demande en réhabilitation peut être admise, son avis, ensemble les pièces exigées par l'art. 620, seront, par le procureur-général et dans le plus bref délai, transmises au ministre de la justice, qui pourra consulter le tribunal qui a prononcé la condamnation (C. d'inst. crim., art. 629). L'envoi doit être fait dans le plus bref délai, parce qu'il s'agit de l'état d'une personne, et conséquemment d'une affaire qui intéresse l'ordre public.

Il en sera fait rapport à sa majesté par le ministre de la justice (C. d'inst. crim., art. 630).

L'acte de réhabilitation étant un acte de souveraineté et de la nature d'un acte de grâce, il est, par conséquent, purement arbitraire ou volontaire; ni l'avis favorable de la Cour, ni l'accomplissement des conditions imposées au condamné n'entraînent nécessairement l'acte de réhabilitation; ils n'ont pas même pour conséquence juridique une décision quelconque; la seule obligation qu'ils imposent, c'est le rapport de l'affaire au roi par le ministre de la justice *(Droit criminel,* de M. Rauter, n° 856).

Si la réhabilitation est prononcée, il en sera expédié des lettres où l'avis de la Cour sera inséré (C. d'inst. crim., art. 631). Ces lettres (*lettres de réhabilitation*) sont expédiées dans la forme des ordonnances royales. Ces lettres seront adressées à la Cour qui aura délibéré l'avis; il en sera envoyé copie authentique à la Cour qui aura prononcé la condamnation, et transcription sera faite en marge de la minute de l'arrêt de condamnation (C. d'inst. crim., art 632). Il est d'usage d'observer, pour la transcription, les formalités prescrites pour l'exécution des lettres de grâce. Ainsi la Cour enregistre en audience solennelle en présence du réhabilité.

La réhabilitation fera cesser, pour l'avenir, dans la personne du condamné, toutes les incapacités qui résultaient de la condamnation (C. d'inst. crim., art. 633). Elle rend, à celui qui l'a obtenue, tous les droits dont l'exercice est assuré aux autres citoyens.

Le condamné pour récidive ne sera jamais admis à la réhabilitation (C. d'inst. crim., art. 634).

Celui qu'une première condamnation n'a pu ramener à des principes meilleurs est, dit-on, indigne de confiance, et donne la preuve d'un caractère dangereux ; la récidive doit lui faire perdre toute espérance de réhabilitation ; il ne doit jamais être admis à l'obtention de cette faveur, dont la loi offre la perspective à celui qui, après avoir subi la peine de son crime, rentre dans le sentier de l'honneur. Le législateur a pensé que celui qui, déjà frappé d'une condamnation à une peine afflictive ou infamante, venait à commettre un nouveau crime, ne présentait plus aucun espoir de retour, et malgré l'expiation successive de ces deux peines, malgré l'expiration des délais d'épreuves après lesquels le condamné peut ordinairement solliciter sa réhabilitation, celui qui a subi une seconde condamnation pour récidive, se trouve irrévocablement frappé des incapacités qu'elle entraîne.

Il est vrai de dire que le condamné pour récidive offre moins d'espoir de retour à une vie rangée et honnête, mais ce retour est loin d'être impossible ; on peut rencontrer de nombreuses exceptions. Pourquoi, dans ce cas, ne pas assigner des délais plus longs pendant lesquels le condamné pour récidive prouverait qu'il est revenu à des sentiments d'honneur ; et d'ailleurs, les formalités qu'il doit observer n'offrent-elles pas une preuve de garantie que cette faveur ne sera jamais accordée qu'aux individus qui s'en seront rendus dignes.

La récidive ne résulte pas de ce qu'un individu a commis plusieurs crimes, mais de ce que, depuis une première condamnation, il en a commis un nouveau.

Comment doit-on entendre la récidive en matière de réhabilitation ?

Pour qu'il y ait récidive et mettre empêchement à la demande en réhabilitation, il faut qu'il existe au moins deux condamnations pour crimes. Deux condamnations, l'une pour crime et l'autre pour délit correctionnel, seraient insuffisantes. Ainsi, un condamné pour crime, mais qui avait précédemment subi une peine correctionnelle, sera toujours admis à demander sa réhabilitation. La première condamnation n'a pu en rien influer sur la peine qui a été appliquée au crime, il n'y a donc pas récidive. L'on doit suivre le même principe par rapport à celui qui, ayant été condamné pour crime, se serait ensuite rendu coupable d'un délit, et viendrait à être condamné comme tel. Dans ce cas, il est vrai, la première condamnation fera appliquer une peine plus forte, et il y aura véritablement récidive. Mais la seconde condamnation ne donne pas lieu à la réhabilitation, et l'on peut dire qu'en tant qu'il s'agit de réhabilitation, il n'y a pas récidive : la condamnation correctionnelle ne peut donc exclure du droit d'en faire la demande. D'ailleurs un délit ne suppose jamais ce degré de perversité que révèle un crime, et c'est à ce degré que la loi a voulu enlever le bienfait de la réhabilitation.

L'individu réhabilité qui commet de nouveaux crimes, encourt la peine de la récidive.

FIN.

www.ingramcontent.com/pod-product-compliance
Lightning Source LLC
LaVergne TN
LVHW020446060726
842525LV00005B/1570